school - المدرسة .......................................................... 2
reis - سفر ................................................................. 5
transport - نقل ........................................................... 8
stad - مدينة .............................................................. 10
landschap - طبيعة ريفية .................................................. 14
restaurant - مطعم ........................................................ 17
supermarkt - سوبرماركت ................................................... 20
dranken - مشروبات ........................................................ 22
eten - طعام .............................................................. 23
boerderij - مزرعة ......................................................... 27
huis - بيت ............................................................... 31
woonkamer - غرفة جلوس .................................................... 33
keuken - مطبخ ............................................................ 35
badkamer - الحمّام ........................................................ 38
kinderkamer - غرفة الأطفال ................................................ 42
kleding - ثياب ........................................................... 44
kantoor - مكتب ........................................................... 49
economie - اقتصاد ........................................................ 51
beroepen - المهن ......................................................... 53
gereedschap - عدة عمل .................................................... 56
muziekinstrumenten - آلات موسيقية ......................................... 57
dierentuin - حديقة حيوانات ................................................ 59
sport - رياضة ............................................................ 62
activiteiten - نشاطات ..................................................... 63
familie - عائلة ........................................................... 67
lichaam - الجسم .......................................................... 68
ziekenhuis - المستشفى .................................................... 72
noodgeval - حالة ......................................................... 76
aarde - أرض ............................................................. 77
klok - ساعة ............................................................. 79
week - أسبوع ............................................................ 80
jaar - سنة .............................................................. 81
vormen - أشكال .......................................................... 83
kleuren - ألوان .......................................................... 84
tegenstellingen - الأضداد ................................................. 85
getallen - أرقام ......................................................... 88
talen - اللغات ........................................................... 90
wie / wat / hoe - من / ماذا / كيف ......................................... 91
waar - أين .............................................................. 92

Impressum
Verlag: BABADADA GmbH, Nedderfeld 112 , 22529 Hamburg
Geschäftsführer / Verlagsleitung: Harald Hof
Druck: Books on Demand GmbH, In de Tarpen 42, 22848 Norderstedt

Imprint
Publisher: BABADADA GmbH, Nedderfeld 112 , 22529 Hamburg, Germany
Managing Director / Publishing direction: Harald Hof
Print: Books on Demand GmbH, In de Tarpen 42, 22848 Norderstedt, Germany

# school

## المدرسة

klaslokaal
القسم
delen
يقسم
186/2
bord
اللوح
schoolplein
leraar
المعلّم
papier
ورقة
schrijven
يكتب
pen
القلم
bureau
طاولة المكتب
lineaal
المسطرة
boek
الكتاب
leerling
التلميذ

schooltas
.....................
الحقيبة المدرسية

etui
.....................
المقلمة

potlood
.....................
قلم الرصاص

puntenslijper
.....................
البرّاية

gum
.....................
الممحاة

schetsblok
.....................
دفتر الرسم

2 school - المدرسة

tekening

الرسمة

penseel

الفرشاة

verfdoos

علبة التلوين

schaar

المقص

lijm

المادة اللاصقة

schrift

دفتر التمارين

huiswerk

الواجب المدرسي

getal

الرقم

optellen

يجمع

aftrekken

يطرح

vermenigvuldigen

يضرب

rekenen

يحسب

letter

الحرف

alfabet

الأبجدية

woord

كلمة

tekst

النص

lezen

يقرأ

krijt

الطبشور

les

الحصة

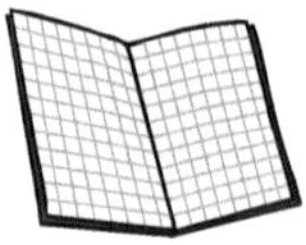

klassenboek

دفتر الدوام المدرسي

examen

الامتحان

diploma

شهادة

schooluniform

اللباس المدرسي

opleiding

التعليم

encyclopedie

الموسوعة

universiteit

الجامعة

microscoop

المجهر

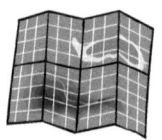

kaart

الخريطة

prullenmand

قماما

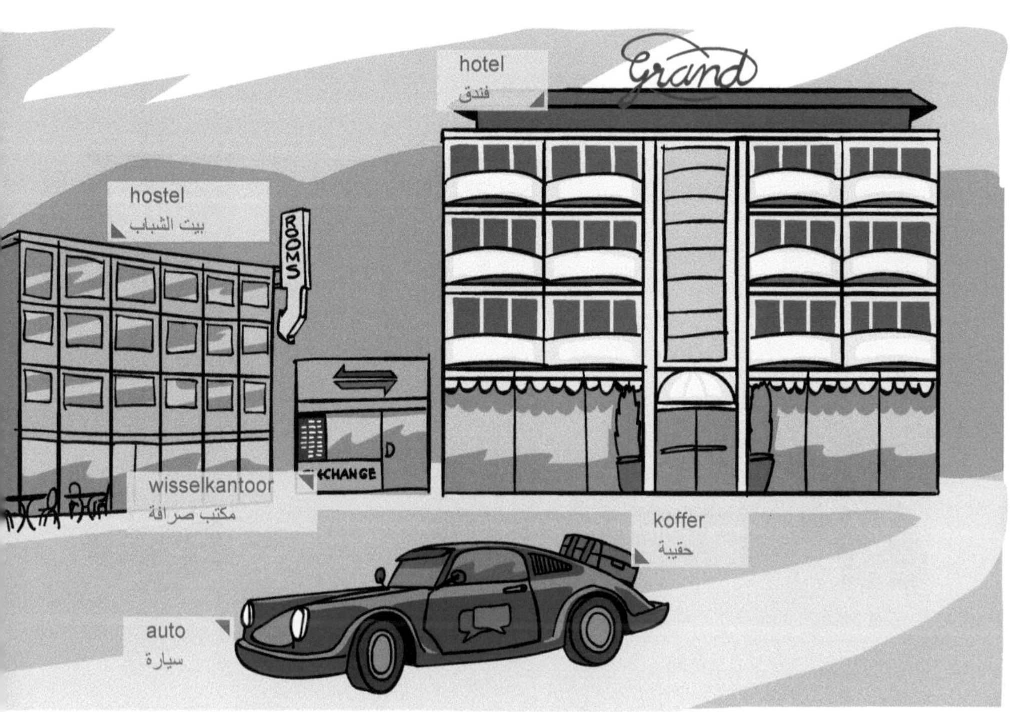

Grand
hotel
فندق
hostel
بيت الشباب
ROOMS
wisselkantoor
مكتب صرافة
koffer
حقيبة
auto
سيارة

taal
اللغة

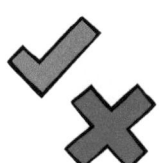

ja / nee
نعم / لا

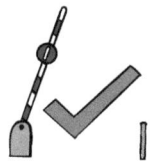

oké
حسناً

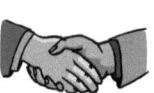

Hallo!
مرحباً

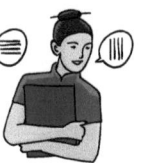

tolk
مترجم

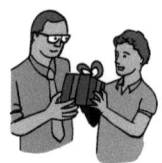

Bedankt.
شكراً

Wat kost ...?

كم ثمن ... ؟

Ik begrijp het niet.

لا أفهم

probleem

مشكلة

Goedenavond!

مساء الخير

Goedemorgen!

صباح الخير!

Goedenacht!

ليلة سعيدة

Tot ziens!

إلى اللقاء

richting

اتجاه

bagage

أمتعة السفر

tas

حقيبة

rugzak

حقيبة ظهر

gast

ضيف

kamer

غرفة

slaapzak

كيس للنوم

tent

خيمة

VVV-kantoor

استعلامات سياحية

strand

شاطئ

creditkaart

بطاقة ائتمان

ontbijt

إفطار

lunch

طعام الغداء

diner

العشاء

kaartje

بطاقة سفر

lift

مصعد

postzegel

طابع بريدي

grens

حدود

douane

الجمارك

ambassade

سفارة

visum

تأشيرة

paspoort

جواز سفر

# transport
# نقل

vliegtuig
طائرة
schip
سفينة
brandweerwagen
سيارة إطفاء
bus
حافلة
vrachtauto
سيارة شاحنة
motorboot
زورق آلي
fiets
درّاجة
auto
سيارة

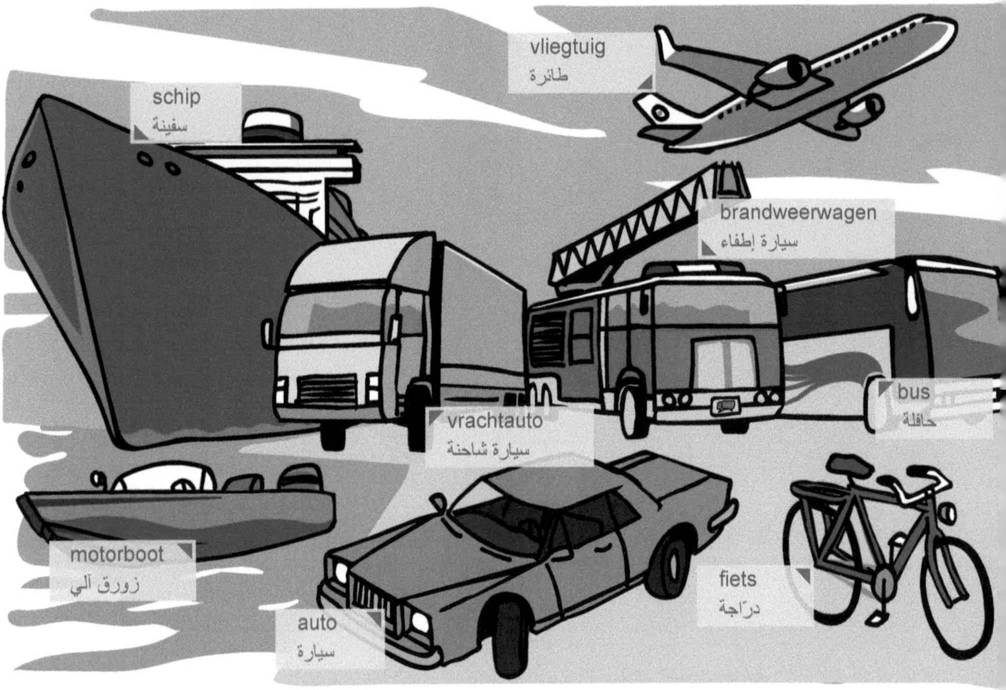

veerboot

عبارة

boot

قارب

motorfiets

دراجة نارية

politiewagen

سيارة شرطة

raceauto

سيارة سباق

huurauto

سيارة مستأجرة

**carsharing**

أسلوب تشاركي في استئجار السيارات

**takelwagen**

سيارة للجر

**vuilniswagen**

سيارة نقل القمامة

**motor**

محرك

**benzine**

وقود

**benzinepomp**

محطة وقود

**verkeersbord**

إشارة مرور

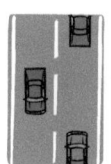

**verkeer**

حركة السير

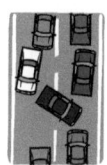

**file**

ازدحام سير

**parkeerplaats**

موقف سيارات

**station**

محطة قطار

**rails**

سكك حديدية

**trein**

قطار

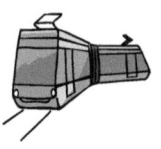

**tram**

ترام

**wagon**

عربة قطار

helikopter

طائرة مروحية

luchthaven

مطار

toren

برج

passagier

مسافر

container

حاوية

verhuisdoos

علبة كرتون

kar

عربة يد

mand

سلة

opstijgen / landen

يقلع / يهبط

# stad

## مدينة

dorp

قرية

stadscentrum

مركز المدينة

huis

بيت

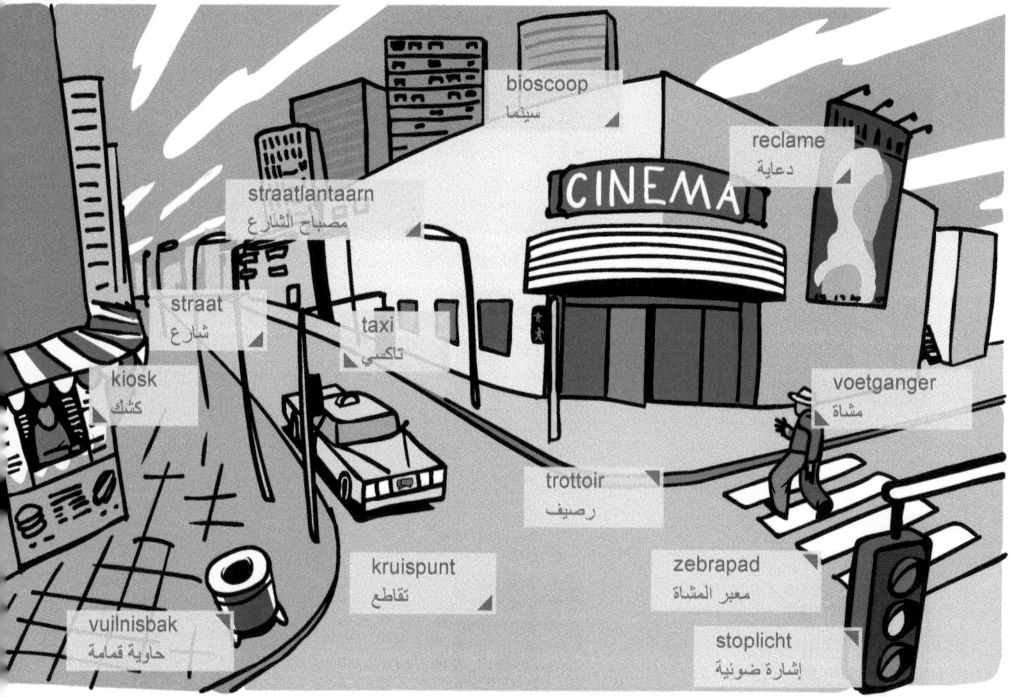
CINEMA
bioscoop
سينما
reclame
دعاية
straatlantaarn
مصباح الشارع
straat
شارع
taxi
تاكسي
kiosk
كشك
voetganger
مشاة
trottoir
رصيف
kruispunt
تقاطع
zebrapad
معبر المشاة
vuilnisbak
حاوية قمامة
stoplicht
إشارة ضوئية

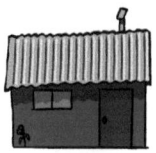

hut

كوخ

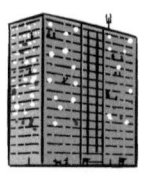

appartement

شقة

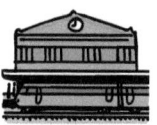

station

محطة قطار

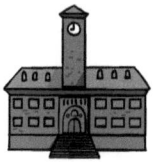

stadhuis

دار البلدية

MUSEUM

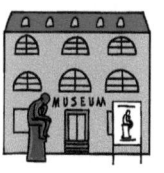

museum

متحف

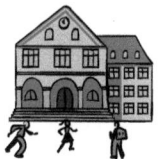

school

المدرسة

universiteit

الجامعة

bank

مصرف

ziekenhuis

المستشفى

hotel

فندق

apotheek

صيدلية

kantoor

مكتب

boekenwinkel

مكتبة

winkel

متجر

bloemenwinkel

محل لبيع الزهور

supermarkt

سوبرماركت

markt

سوق

warenhuis

متجر كبير

visboer

تاجر السمك

winkelcentrum

مركز تسوّق

haven

ميناء

**park**

حديقة عامة

**bank**

مقعد

**brug**

جسر

**trap**

درج، سلم

**metro**

مترو

**tunnel**

نفق

**bushalte**

موقف حافلات

**bar**

بار

**restaurant**

مطعم

**brievenbus**

صندوق البريد

**straatnaambord**

لافتة باسم الشارع

**parkeermeter**

مقياس زمن الوقوف

**dierentuin**

حديقة حيوانات

**zwembad**

مسبح

**moskee**

مسجد

boerderij

مزرعة

vervuiling

تلوث البيئة

begraafplaats

مقبرة

kerk

كنيسة

speelplaats

ملعب الأطفال

tempel

معبد

# landschap

طبيعة ريفية

blad
ورقة

wegwijzer
علامة إرشاد

weg
طريق

weide
مرج

steen
حجر

boom
شجرة

wandelaar
رحالة

rivier
نهر

gras
عشب

bloem
زهرة

vallei

وادٍ

berg

جبل

meer

بحيرة

bos

غابة

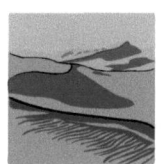

woestijn

صحراء

vulkaan

بركان

kasteel

قلعة

regenboog

قوس قزح

paddenstoel

فطر

palmboom

نخلة

mug

بعوض

vlieg

ذبابة

mier

نملة

bij

نحلة

spin

عنكبوت

kever

خنفساء

kikker

ضفدعة

eekhoorn

سنجاب

egel

قنفذ

haas

أرنب

uil

بومة

vogel

عصفور

zwaan

بجعة

wild zwijn

خنزير برّي

hert

غزال

eland

إلكة

stuwdam

سد

windmolen

دولاب الطاحونة الهوائية

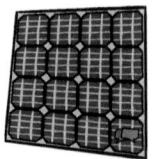

zonnepaneel

خلية شمسية

klimaat

مناخ

# restaurant
## مطعم

ober
نادل
menu
لائحة الطعام
stoel
كرسي
soep
حساء
pizza
بيتزا
bestek
أدوات المائدة
tafelkleed
غطاء المائدة

voorgerecht

مقبلات

hoofdgerecht

الصحن الرئيسي

toetje

حلوى أو فاكهة بعد الطعام

dranken

مشروبات

eten

طعام

fles

زجاجة

**fastfood**

وجبات سريعة

**eetkraampje**

طعام الشارع

**theepot**

إبريق الشاي

**suikerpot**

علبة السكر

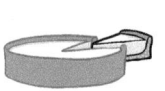

**portie**

حصّة

**espressomachine**

آلة الإسبريسو

**kinderstoel**

كرسي عالٍ

**rekening**

فاتورة

**dienblad**

صينية

**mes**

سكين

**vork**

شوكة

**lepel**

ملعقة

**theelepel**

ملعقة الشاي

**servet**

منديل المائدة

**glas**

كأس

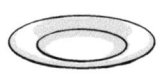

**bord**

صحن

**soepbord**

صحن الحساء

**schotel**

صحن الفنجان

**saus**

صلصة

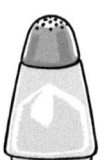

**zoutvaatje**

مملحة

**pepermolen**

مطحنة الفلفل

**azijn**

خلّ

**olie**

زيت الطعام

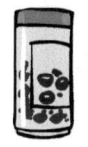

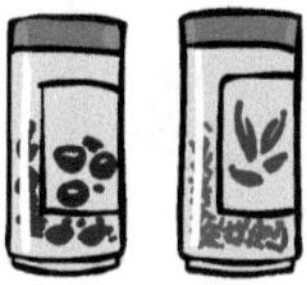

**kruiden**

توابل

**ketchup**

كتشاب

**mosterd**

خردل

**mayonaise**

مايونيز

# supermarkt

## سوبرماركت

aanbieding
عرض خاص
FOR
klant
زبون
zuivelproducten
مشتقات الحليب
fruit
فواكه
winkelwagen
عربة تسوّق

slager

جزّار

bakkerij

مخبز

wegen

يزن

groente

خضار

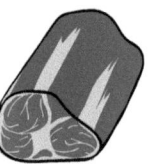

vlees

لحم

diepvriesproducten

المأكولات المجمّدة

**vleeswaren**

مرتدلا أو جبن

**conserven**

معلّبات

**wasmiddel**

مسحوق الغسيل

**snoepgoed**

حلويات

**huishoudelijke artikelen**

المواد المنزلية

**schoonmaakmiddel**

منظفات

**verkoopster**

بائعة

**kassa**

صندوق الحساب

**kassier**

أمين صندوق

**boodschappenlijstje**

قائمة المشتريات

**openingstijden**

أوقات العمل

**portefeuille**

محفظة النقود

**creditkaart**

بطاقة ائتمان

**tas**

حقيبة

**plastic zak**

كيس بلاستيكي

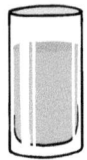

# dranken

## مشروبات

water

ماء

sap

عصير

melk

حليب

cola

كولا

wijn

نبيذ

bier

بيرة

alcohol

كحول

chocolademelk

كاكاو

thee

شاي

koffie

قهوة

espresso

قهوة إسبريسو

cappuccino

كابوتشينو

banaan

موزة

appel

تفاح

sinaasappel

برتقال

watermeloen

بطيخ

citroen

ليمون

wortel

جزرة

knoflook

ثوم

bamboe

خيزران

ui

بصل

paddenstoel

فطر

noten

لوزيات

pasta

شعيرية

spaghetti

سباغيتي

rijst

أرزّ

salade

سلطة

friet

بطاطا مقلية

gebakken aardappelen

بطاطا مقلية

pizza

بيتزا

hamburger

هامبورغر

sandwich

ساندويش

schnitzel

شريحة لحم مقلية

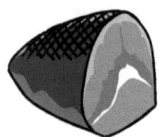

ham

لحم خنزير

salami

سلامي

worst

سجق

kip

دجاج

gebraad

لحم محمر

vis

سمك

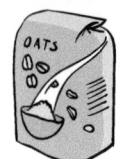

havermout

دقيق الشوفان

muesli

موسلي

cornflakes

كورن فلكس

meel

طحين

croissant

كرواسان

broodjes

خبز صغير

brood

خبز

toast

خبز محمص

koekjes

بسكويت

boter

زبدة

kwark

لبن زبادي

taart

كعكة

ei

بيضة

gebakken ei

بيض مقلي

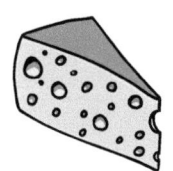

kaas

جبنة

ijs

مثلجات

suiker

سكر

honing

عسل

jam

مربى الفاكهة

chocoladepasta

كريم النوغا

kerrie

الكاري

boerderij
بيت الفلاح

hooibaal
رزمة من التبن

schuur
مخزن غلال

veld
حقل

paard
حصان

aanhangwagen
مقطورة

veulen
مهر

tractor
جرار

ezel
حمار

schaap
خروف

lam
خروف

geit
ماعز

koe
بقرة

kalf
عجل

varken
خنزير

big
خنزير صغير

stier
ثور

gans

إوزّة

eend

بطة

kuiken

صوص

kip

دجاجة

haan

ديك

rat

جرذ

kat

قطّة

muis

فأر

os

ثور

hond

كلب

hondenhok

كوخ الكلب

tuinslang

خرطوم الحديقة

gieter

إبريق

zeis

منجل

ploeg

المحراث

**sikkel**

منجل

**schoffel**

معزقة

**hooivork**

مذراة الزبل

**bijl**

بلطة

**kruiwagen**

عربة يد

**trog**

معلف

**melkbus**

صفيحة الحليب

**zak**

كيس

**hek**

سياج

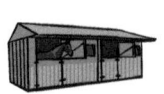

**stal**

اصطبل

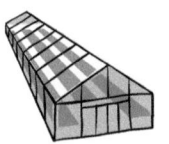

**broeikas**

دفيئة

**grond**

تربة

**zaad**

بذور

**mest**

سماد

**maaidorser**

حصّادة درّاسة

oogsten

يحصد

oogst

محصول

yam

بطاطا يامس

tarwe

قمح

soja

صويا

aardappel

بطاطا

maïs

ذرة

koolzaad

سلجم

fruitboom

شجرة فاكهة

maniok

نبات منيهوت

granen

الحبوب

# huis

## بيت

schoorsteen
مدخنة
dak
سقف
regenpijp
مزراب
raam
نافذة
garage
مرآب
deurbel
جرس الباب
deur
باب
prullenbak
brievenbus
صندوق البريد
tuin
حديقة

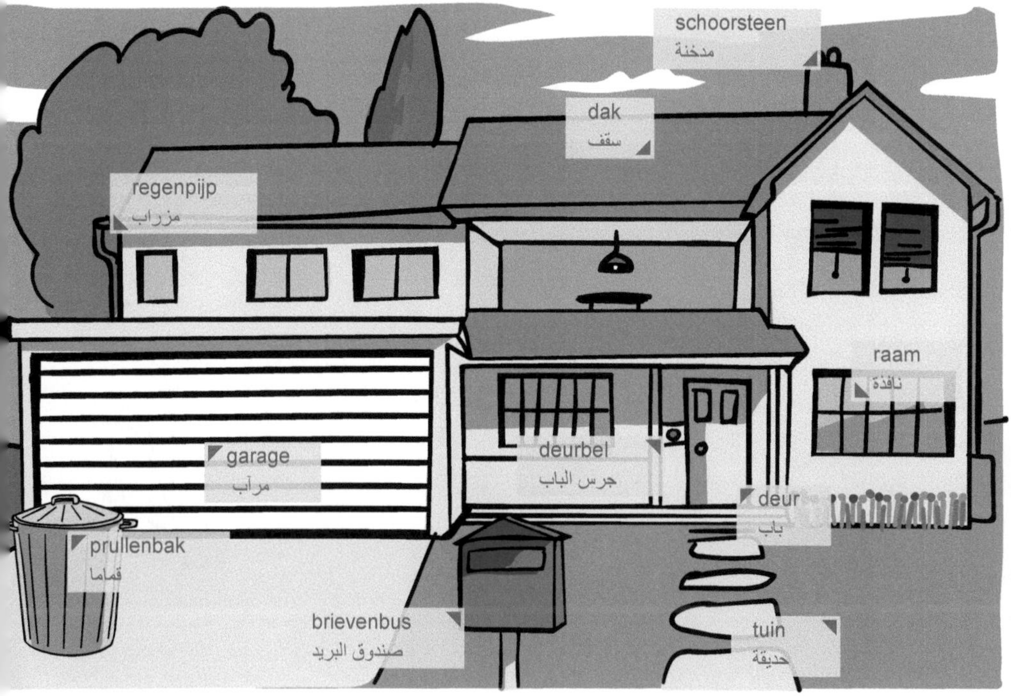

woonkamer
غرفة جلوس

badkamer
الحمّام

keuken
مطبخ

slaapkamer
غرفة النوم

kinderkamer
غرفة الأطفال

eetkamer
غرفة الطعام

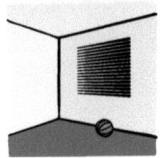

vloer

أرضية

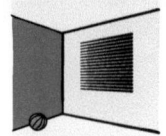

muur

حائط

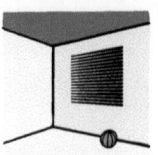

plafond

سقف

kelder

قبو

sauna

ساونا

balkon

بلكون

terras

شرفة

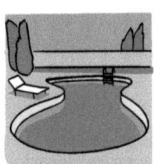

zwembad

مسبح

grasmaaier

جزّازة العشب

laken

بياضات السرير

bedsprei

بطانية

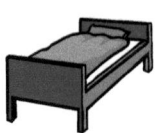

bed

سرير

bezem

مكنسة

emmer

سطل

schakelaar

مفتاح كهرباني

# woonkamer
# غرفة جلوس

behang
ورق جدران
foto
صورة
lamp
مصباح كهربائي
plank
رف
kast
خزانة
televisie
تلفزيون
open haard
موقد مفتوح
bloem
زهرة
kussen
وسادة
bankstel
كنبة
vaas
مزهرية
afstandsbediening
تحكم عن بعد

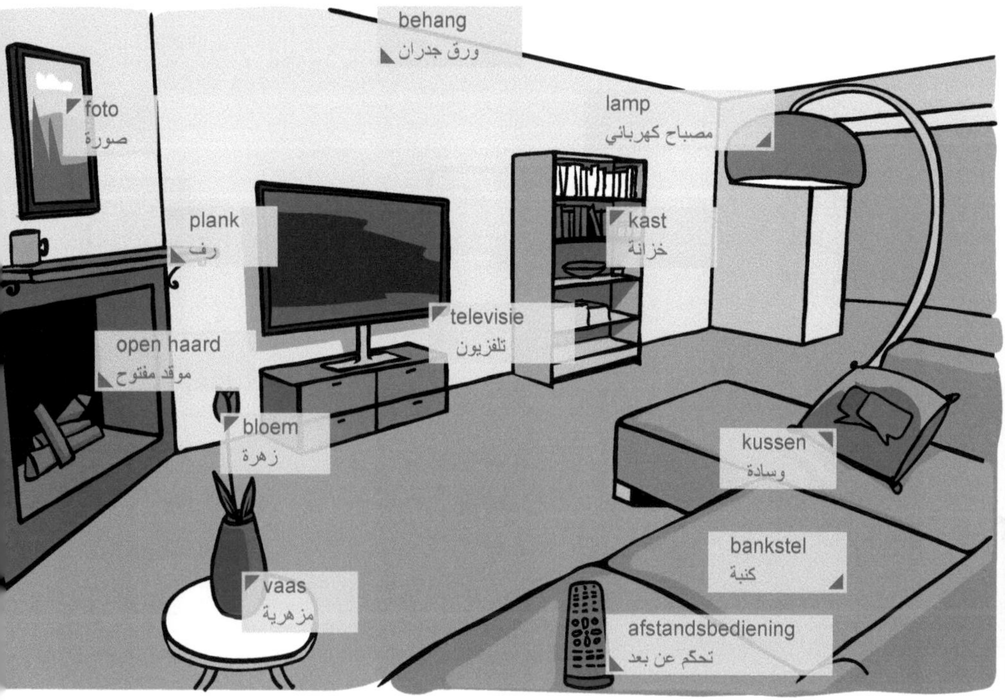

tapijt

بصاط

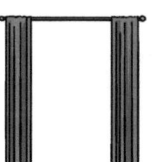

gordijn

ستارة

tafel

طاولة

stoel

كرسي

schommelstoel

كرسي هزّاز

stoel

كرسي ذو ذراعين

**boek**

الكتاب

**deken**

بطانية

**decoratie**

زخرفة

**brandhout**

الحطب

**film**

فيلم

**stereo-installatie**

تجهيزات ستيريو

**sleutel**

مفتاح

**krant**

جريدة

**schilderij**

لوحة مرسومة

**poster**

مُلصق

**radio**

راديو

**kladblok**

دفتر ملاحظات

**stofzuiger**

المكنسة الكهربائية

**cactus**

صبّار

**kaars**

شمعة

# keuken
# مطبخ

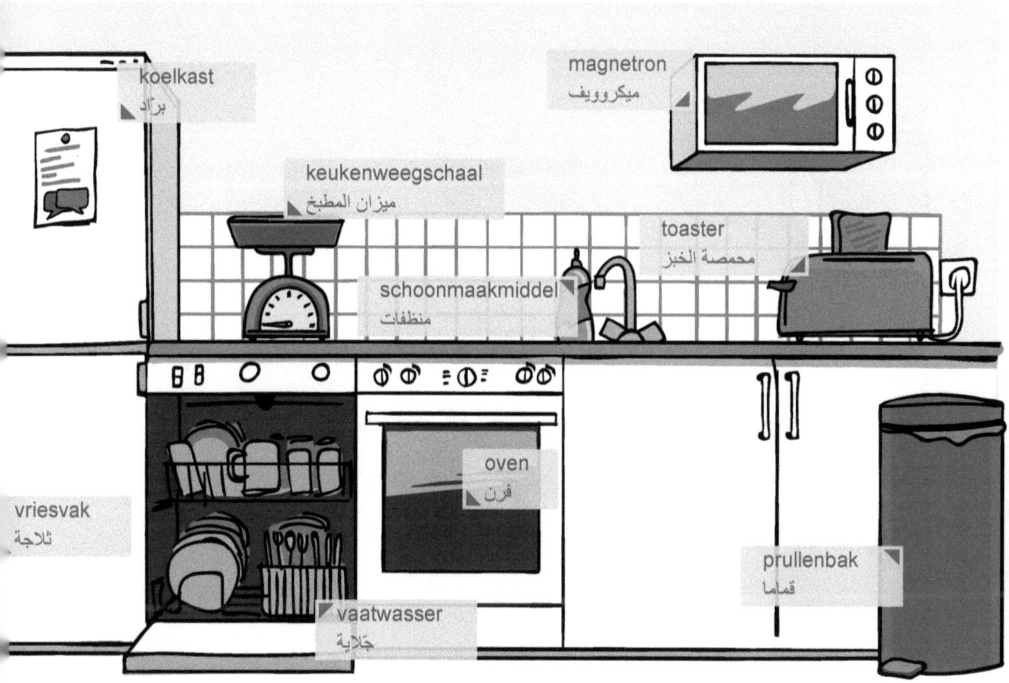
koelkast
برّاد
magnetron
ميكروويف
keukenweegschaal
ميزان المطبخ
toaster
محمصة الخبز
schoonmaakmiddel
منظفات
oven
فرن
vriesvak
ثلاجة
prullenbak
قماما
vaatwasser
جَلاية

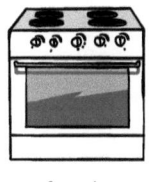

fornuis

موقد

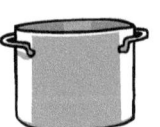

pan

قِدر

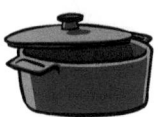

gietijzeren pan

وعاء من الحديد

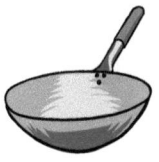

wok / kadai

قدر صيني

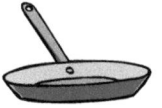

koekenpan

مقلاة

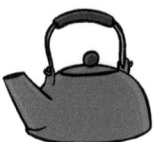

ketel

غلاية

stoomkoker

قدر البخار

bakplaat

صينية

servies

أواني

beker

فنجان

kom

صحن

eetstokjes

عيدان الأكل

soeplepel

مغرفة

spatel

ملعقة منبسطة

garde

خفاقة

vergiet

مصفاة

zeef

مصفاة

rasp

مبشرة

vijzel

هاون

barbecue

شواء

vuurhaard

موقد

**snijplank**

لوح التقطيع

**deegroller**

نشابة

**kurkentrekker**

مفتاح الزجاجات

**blik**

علبة

**blikopener**

مفتاح العلب المعدنية

**pannenlap**

قماش الفرن

**wasbak**

مجلى

**borstel**

فرشاة

**spons**

إسفنج

**blender**

خلاط

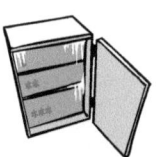

**vriezer**

مجمّدة

**babyflesje**

زجاجة الطفل

**kraan**

صنبور الماء

# badkamer

## الحمّام

douche
دوش
verwarming
تدفئة
handdoek
منشفة
douchegordijn
ستارة الدوش
bubbelbad
حمام رغوة
bad
glas
كأس
wasmachine
غسالة
kraan
صنبور الماء
tegels
بلاط
potje
قفازات مطاطية
wasbak
مجلى

toilet

حمام

hurktoilet

مرحاض القرفصاء

bidet

حوض التشطيف

urinoir

مبولة

toiletpapier

ورق المرحاض

toiletborstel

فرشاة الحمام

**tandenborstel**

فرشاة الأسنان

**tandpasta**

معجون الأسنان

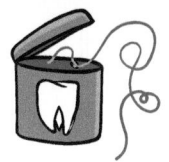

**flosdraad**

خيط حرير لتنظيف الأسنان

**wassen**

يغسل

**handdouche**

رشاش ماء يدوي

**toiletdouche**

شطاف

**waskom**

حوض الغسيل

**rugborstel**

فرشاة الظهر

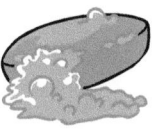

**zeep**

صابون

**douchegel**

جيل الدوش

**shampoo**

شامبو

**washanje**

ممسحة

**afvoer**

مصرف للماء

**creme**

مرهم

**deodorant**

مزيل الروائح

spiegel

مرآة

make-upspiegel

مرآة يد

scheermes

موس حلاقة

scheerschuim

رغوة الحلاقة

aftershave

كولونيا

kam

مشط

borstel

فرشاة

haardroger

سشوار

haarspray

مثبت للشعر

make-up

ماكياج

lippenstift

روج

nagellak

طلاء أظافر

watten

قطن

nagelschaartje

مقص أظافر

parfum

عطر

**toilettas**

سلة الغسيل

**kruk**

مقعد صغير

**weegschaal**

ميزان

**badjas**

معطف الحمام

**rubber handschoenen**

قفازات مطاطية

**tampon**

سدادة قطنية

**maandverband**

منشفة صحية

**chemisch toilet**

تواليت كيميائية

# kinderkamer
# غرفة الأطفال

wekker
منبّه
knuffeldier
الحيوانات المحنطة
speelgoedauto
سيارة لعبة
rammelaar
خشخشة
poppenhuis
بيت الدمى
cadeau
هدية

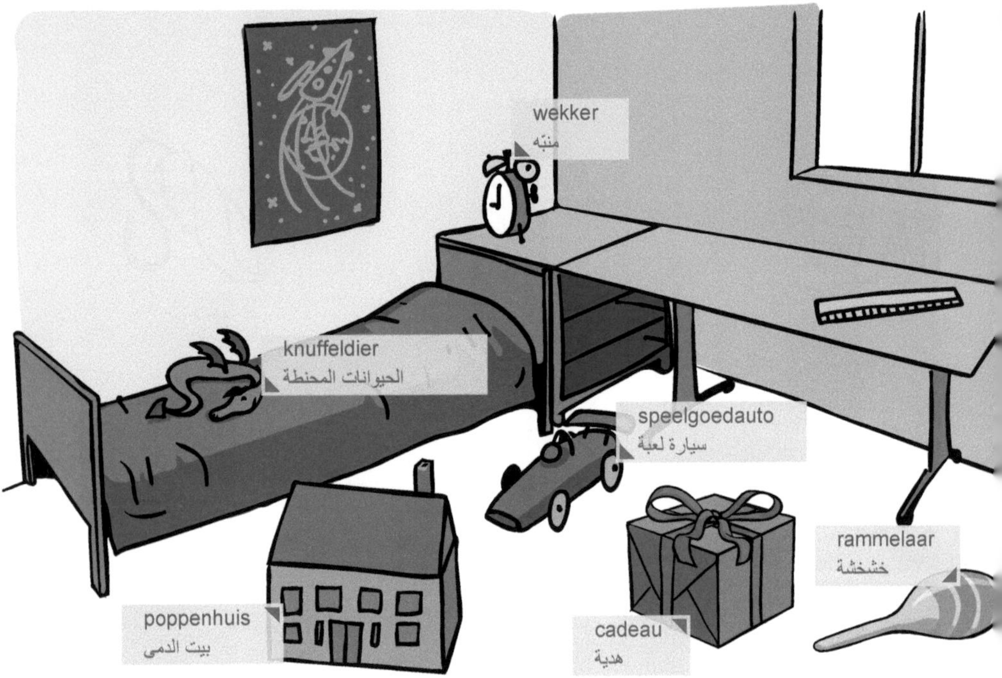

ballon

بالون

bed

سرير

kinderwagen

عربة الأطفال

kaartspel

لعبة الورق

puzzel

أحجية

stripverhaal

رسوم هزلية

legostenen

أحجار الليغو

speelgoedblokken

حجارة تركيب

actiefiguurtje

دمية بطل

romper

لباس الطفل

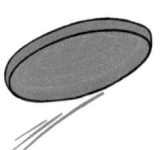

frisbee

فريسبي

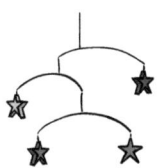

mobile

دمية معلّقة

bordspel

لعبة الطاولة

dobbelsteen

لعبة النرد

modeltrein

لعبة قطار

speen

مصّاصة

feestje

حفلة

prentenboek

كتاب مصوّر

bal

كرة

pop

دمية

spelen

يلعب

**zandbak**

ملعب رملي للأطفال

**schommel**

أرجوحة

**speelgoed**

لعبة

**spelcomputer**

ألعاب فيديو

**driewieler**

دراجة ثلاثية

**teddybeer**

دمية على شكل الدب

**kleerkast**

خزانة الثياب

# kleding

ثياب

**sokken**

جوارب قصيرة

**kousen**

جوارب طويلة

**panty**

جورب بنطلون

sjaal
شال

paraplu
شمسية

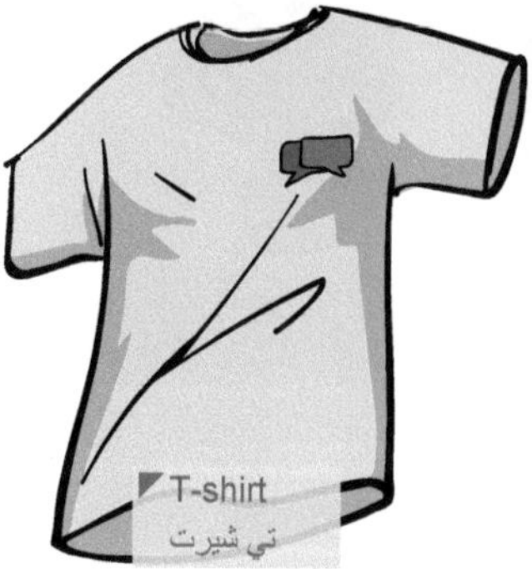

T-shirt
تي شيرت

riem
حزام

laarzen
حذاء شتوي

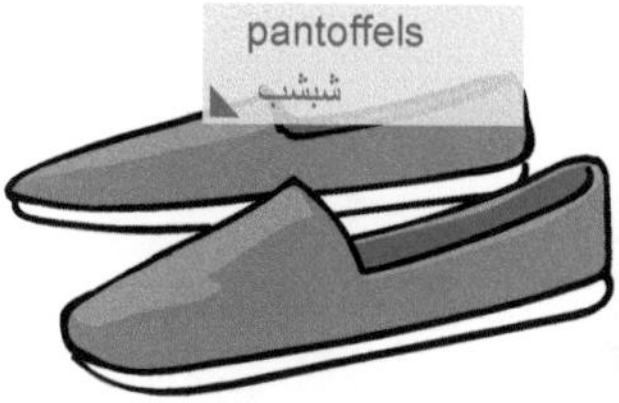

pantoffels
شبشب

sportschoenen
أحذية رياضية

sandalen
..................
صندل

schoenen
..................
حذاء

rubberlaarzen
..................
جزمة كاوتشوك

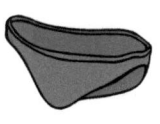

onderbroek
..................
سروال داخلي

beha
..................
صدّارة

onderhemd
..................
قميص داخلي

**body**

لباس ملاصق للجسم

**broek**

بنطلون

**spijkerbroek**

جينز

**rok**

تنورة

**blouse**

بلوزة

**overhemd**

قميص

**trui**

سترة قطنية

**hoody**

كنزة كم طويل

**blazer**

سترة فضفاضة

**jas**

سترّة

**mantel**

معطف

**regenjas**

معطف مطري

**kostuum**

زي - طقم نسائي

**jurk**

ثوب

**trouwjurk**

ثوب الزفاف

**pak**

طقم

**nachthemd**

قميص نوم

**pyjama**

بيجاما

**sari**

ساري

**hoofddoek**

حجاب

**tulband**

عمامة

**boerka**

برقع

**kaftan**

قفطان

**abaja**

عباءة

**zwempak**

مايوه

**zwembroek**

سروال سباحة

**korte broek**

شرت

**trainingspak**

بدلة رياضية

**schort**

مئزر

**handschoenen**

ققازات

knoop

زر

bril

نظارة

armband

إسوارة

ketting

عقد

ring

خاتم

oorbel

قرط

pet

طاقيّة

kledinghanger

علاقة ثياب

hoed

قبّعة

stropdas

ربطة العنق

rits

سحّاب

helm

خوذة

bretels

حمّالة البنطلون

schooluniform

اللباس المدرسي

uniform

زي موحّد

slabbetje

مريلة الأطفال

speen

مصّاصة

luier

لفافة

# kantoor

## مكتب

server
المخدّم
archiefkast
خزانة الملفات
papier
ورقة
printer
طابعة
beeldscherm
شاشة
bureau
طاولة المكتب
muis
فارة
map
ملف
toetsenbord
لوحة المفاتيح
prullenmand
قماما
computer
حاسوب
stoel
كرسي

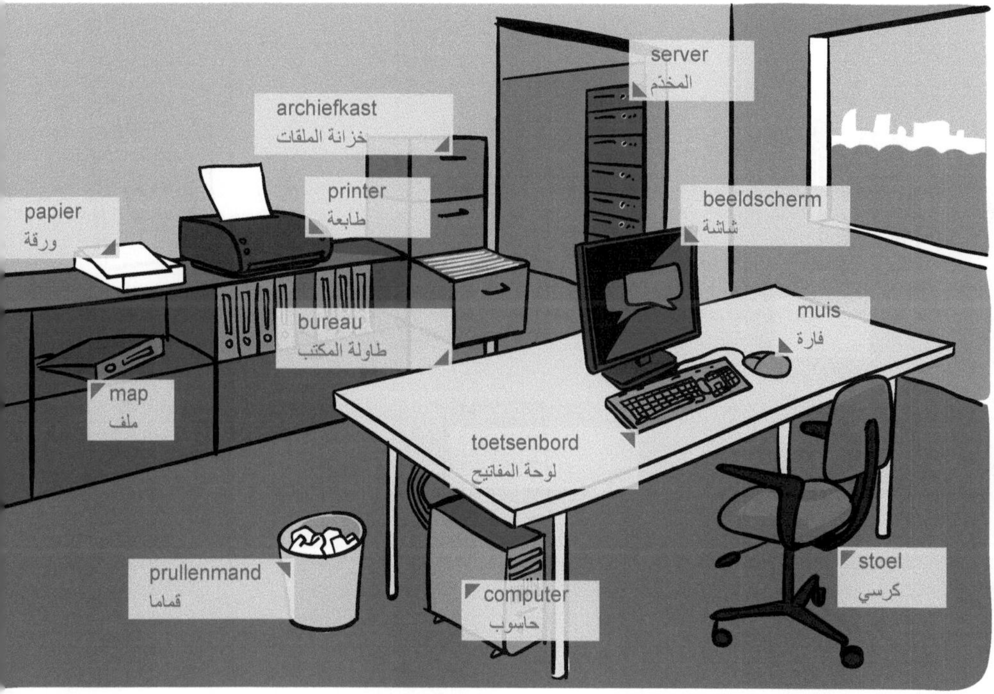

koffiemok

كأس من القهوة

rekenmachine

الآلة الحاسبة

internet

الإنترنت

laptop

الحاسوب المحمول

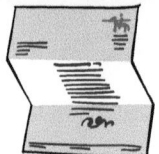

brief

رسالة

bericht

خبر

mobiele telefoon

الهاتف المحمول

netwerk

شبكة

kopieermachine

جهاز تصوير

software

البرمجيات

telefoon

هاتف

stopcontact

مقبس كهربائي

fax

فاكس

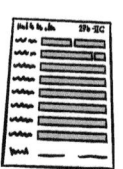

formulier

استمارة

document

وثيقة

kopen
يشتري

betalen
يدفع

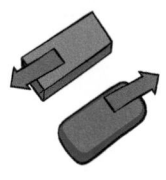

handel drijven
يتاجر

geld
مال

dollar
دولار

euro
يورو

yen
ين

roebel
روبل

Zwitserse frank
فرنك سويسري

renminbi yuan
يوان

roepie
روبية

geldautomaat
صرّاف آلي

wisselkantoor

مكتب صرافة

goud

ذهب

zilver

فضة

olie

نفط

energie

طاقة

prijs

سعر

contract

عقد

belasting

ضريبة

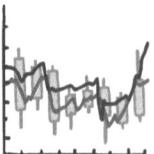

aandeel

سهم

werken

يعمل

werknemer

موظف

werkgever

رب العمل

fabriek

مصنع

winkel

متجر

# beroepen

## المِهَن

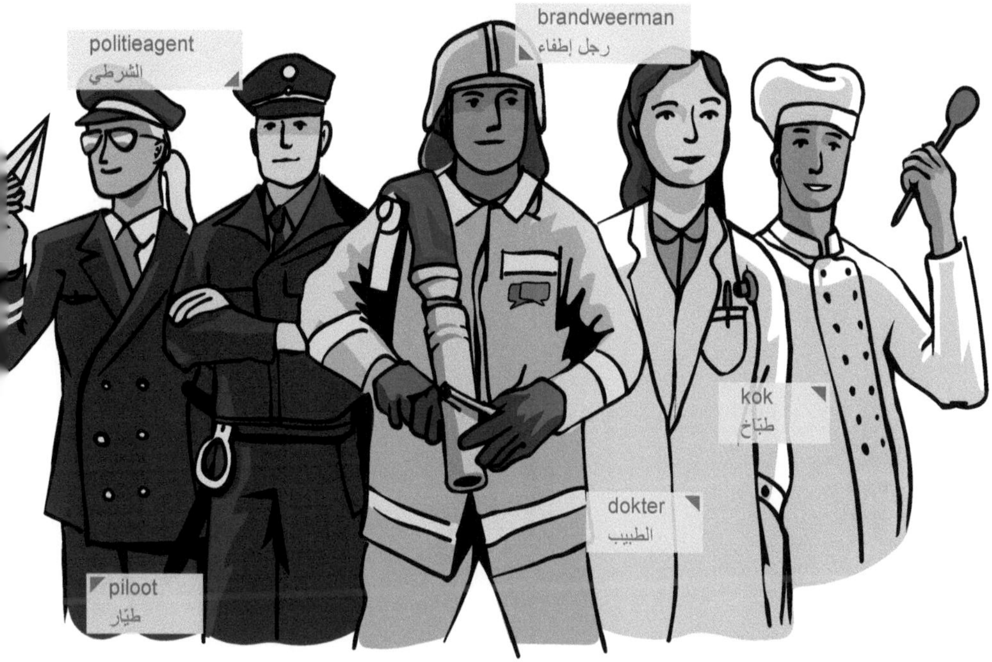

brandweerman
رجل إطفاء
politieagent
الشرطي
kok
طبّاخ
dokter
الطبيب
piloot
طيّار


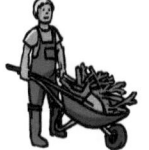

tuinman

بستاني

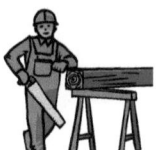

timmerman

نجّار

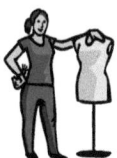

naaister

خيّاطة

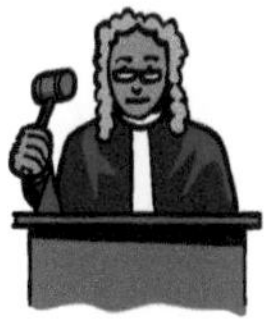

rechter

قاضٍ

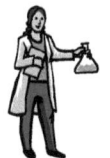

scheikundige

كيميائي

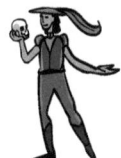

toneelspeler

ممثل

buschauffeur

سائق حافلة

taxichauffeur

سائق تاكسي

visser

صياد سمك

schoonmaakster

أجيرة للتنظيف

dakdekker

بنّاء سقف

ober

نادل

jager

صيّاد

schilder

رسّام

bakker

خبّاز

elektricien

كهربائي

bouwvakker

عامل بناء

ingenieur

مهندس

slager

لحّام

loodgieter

سمكري

postbode

ساعي البريد

soldaat

جندي

architect

مهندس معماري

kassier

أمين صندوق

bloemist

بائع الزهور

kapper

حلاق

conducteur

مراقب القطار

monteur

ميكانيكي

kapitein

قبطان

tandarts

طبيب أسنان

wetenschapper

رجل العلم

rabbi

حاخام

imam

إمام

monnik

راهب

pastoor

كاهن

# gereedschap
## عدة عمل

tang
كماشة
hamer
مطرقة
schroevendraaier
مفك البراغي
zaklamp
مصباح يد
moersleutel
مفتاح ربط

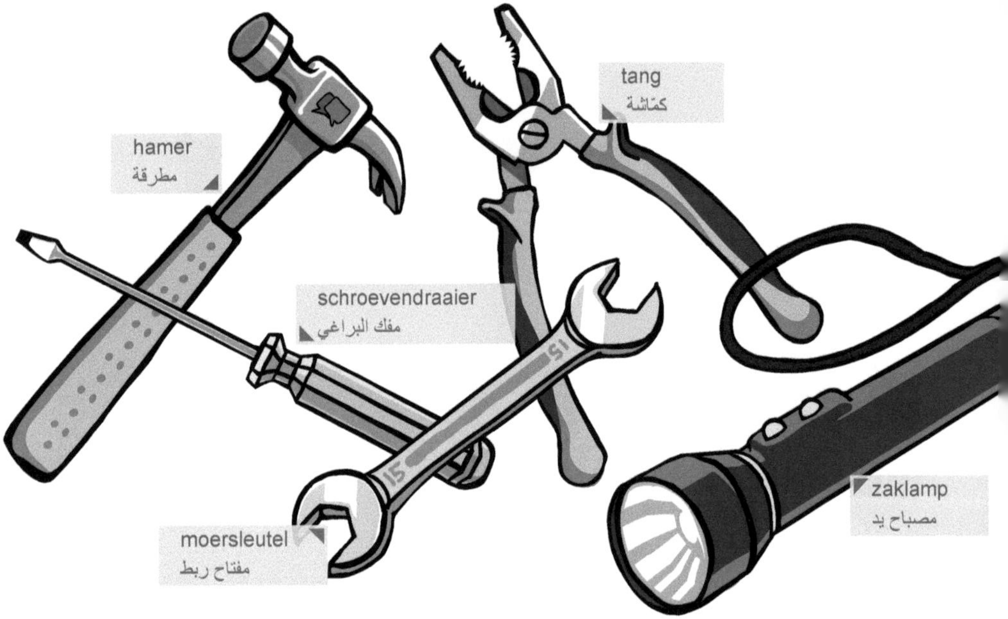

graafmachine

جرافة

gereedschapskist

صندوق العدة

ladder

سلّم

zaag

منشار

spijkers

مسامير

boor

مثقب

repareren

يصلح

schep

مجرفة

Verdorie!

اللعنة

stofblik

لقاطة الكناسة

verfpot

سطل الألوان

schroeven

براغي

# muziekinstrumenten

## آلات موسيقية

luidspreker
مكبر الصوت

drumstel
آلات الإيقاع

gitaar
غيتار

contrabas
كمان أجهر

trompet
بوق

piano

بيانو

viool

كمنجة

bas

جهير

pauk

طبل كبير

trommel

طبل

keyboard

بيانو كهربائي

saxofoon

ساكسوفون

fluit

ناي

microfoon

ميكروفون

# dierentuin
# حديقة حيوانات

ingang
مدخل
tijger
نمر
kooi
قفص
zebra
حمار الوحش
dierenvoer
علف للحيوانات
panda
دب باندا

dieren

حيوانات

olifant

فيل

kangoeroe

كنغر

neushoorn

وحيد القرن

gorilla

غوريلا

beer

دب

kameel

جمل

struisvogel

نعامة

leeuw

أسد

aap

قرد

flamingo

طائر فلامينغو

papegaai

ببغاء

ijsbeer

دب قطبي

pinguïn

بطريق

haai

سمك القرش

pauw

طاووس

slang

أفعى

krokodil

تمساح

dierenverzorger

حارس في حديقة الحيوان

zeehond

عجل البحر

jaguar

نمر أمريكي مرقط

pony

فرس قزم

luipaard

نمر

nijlpaard

فرس النهر

giraffe

زرافة

adelaar

نسر

wild zwijn

خنزير برّي

vis

سمك

schildpad

سلحفاة

walrus

حيوان فظ البحري

vos

ثعلب

gazelle

غزال

# sport

# رياضة

American football
كرة القدم الأمريكية
wielrennen
ركوب الدراجات
tennis
كرة التنس
basketbal
كرة السلة
zwemmen
السباحة
boksen
الملاكمة
ijshockey
هوكي الجليد

voetbal

كرة القدم

badminton

الريشة الطائرة

atletiek

ألعاب القوى الخفيفة

handbal

كرة اليد

skiën

التزلج على الثلج

polo

بولو

springen
يقفز

lachen
يضحك

knuffelen
يعانق

zingen
يغني

lopen
يمشي

dromen
يحلم

bidden
يصلّي

kussen
يقبّل

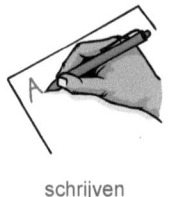

schrijven
يكتب

tekenen
يرسم

tonen
يُري

duwen
يدفع

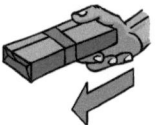

geven
يعطي

oppakken
يأخذ

hebben

يملك

doen

يعمل

zijn

يوجد

staan

يقف

rennen

يركض

trekken

يسحب

gooien

يرمي

vallen

يقع

liggen

يستلقي

wachten

ينتظر

dragen

يحمل

zitten

يجلس

aankleden

يلبس

slapen

ينام

wakker worden

يستيقظ

bekijken

ينظر إلى ..

huilen

يبكي

strelen

يمسّد

kammen

يمشّط

praten

يتكلم

begrijpen

يفهم

vragen

يسأل

horen

يسمع

drinken

يشرب

eten

ياكل

opruimen

يرتب

houden van

يحب

koken

يطبخ

rijden

يقود

vliegen

يطير

zeilen

يبحر بزورق شراعي

rekenen

يحسب

lezen

يقرأ

leren

يتعلم

werken

يعمل

trouwen

يتزوج

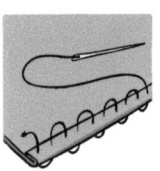

naaien

يخيط

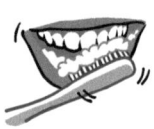

tandenpoetsen

ينظف أسنانه

doden

يقتّل

roken

يدخّن

verzenden

يرسل

grootmoeder
جدّة
grootvader
جدّ
vader
أب
moeder
أم
baby
الطفل
dochter
ابنة
zoon
ابن

gast
ضيف

tante
عمّة / خالة

oom
عمّ / خال

broer
أخ

zus
أخت

# lichaam

## الجسم

voorhoofd
الجبين
oog
العين
schouder
الكتف
vinger
الإصبع
gezicht
الوجه
kin
الذقن
hand
اليد
been
الساق
borst
الصدر
arm
الذراع

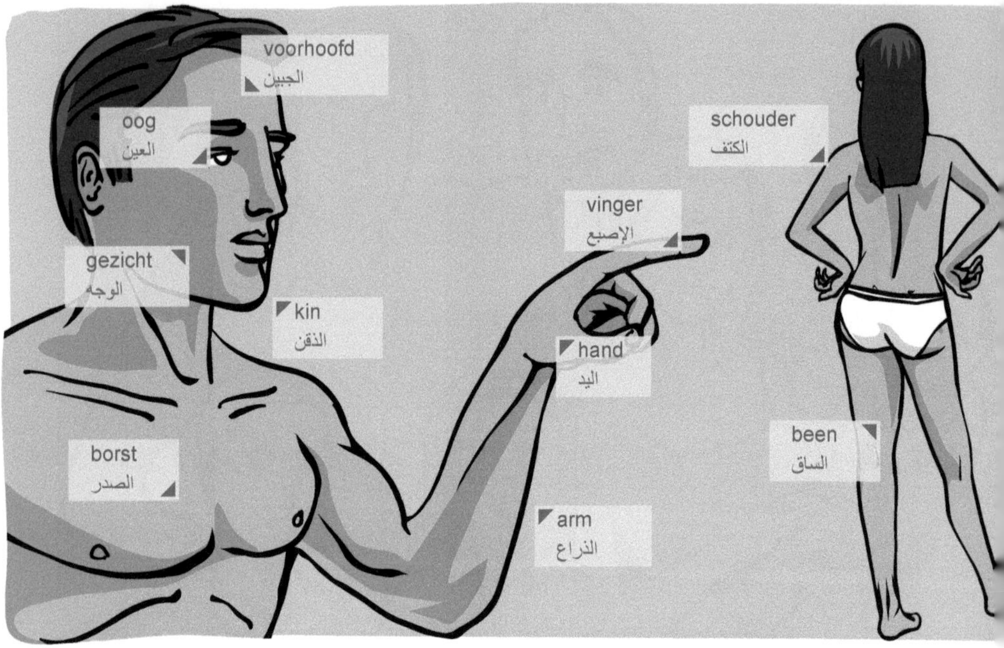

baby

الطفل

man

الرجل

vrouw

المرأة

meisje

البنت

jongen

الولد

hoofd

الرأس

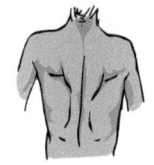

rug

الظهر

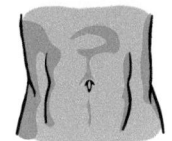

buik

البطن

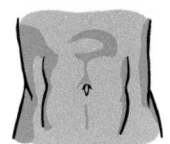

navel

السرّة

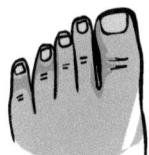

teen

إصبع القدم

hiel

الكعب

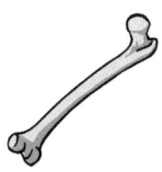

bot

العظم

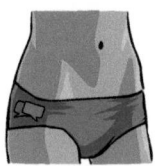

heup

الورك

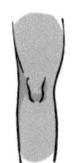

knie

الركبة

elleboog

المرفق

neus

الأنف

achterwerk

العَجُز

huid

البشرة

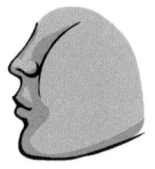

wang

الخد

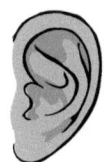

oor

الأذن

lippen

الشفة

mond

الفم

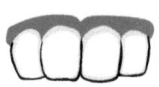

tand

السن

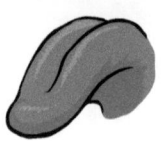

tong

اللسان

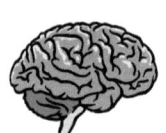

hersenen

الدماغ

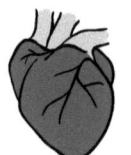

hart

القلب

spier

العضلة

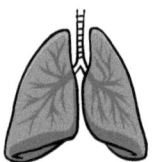

long

الرئة

lever

الكبد

maag

المعدة

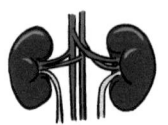

nieren

الكلى

geslachtsgemeenschap

الاتصال الجنسي

condoom

الواقي المطاطي

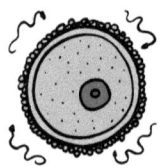

eicel

البويضة

sperma

المنيّ

zwangerschap

الحمل

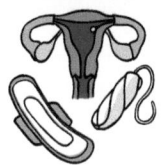

menstruatie

الحيض

vagina

المهبل

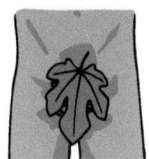

penis

القضيب

wenkbrauw

الحاجب

haar

الشعر

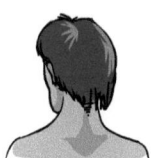

hals

الرقبة

# ziekenhuis
# المستشفى

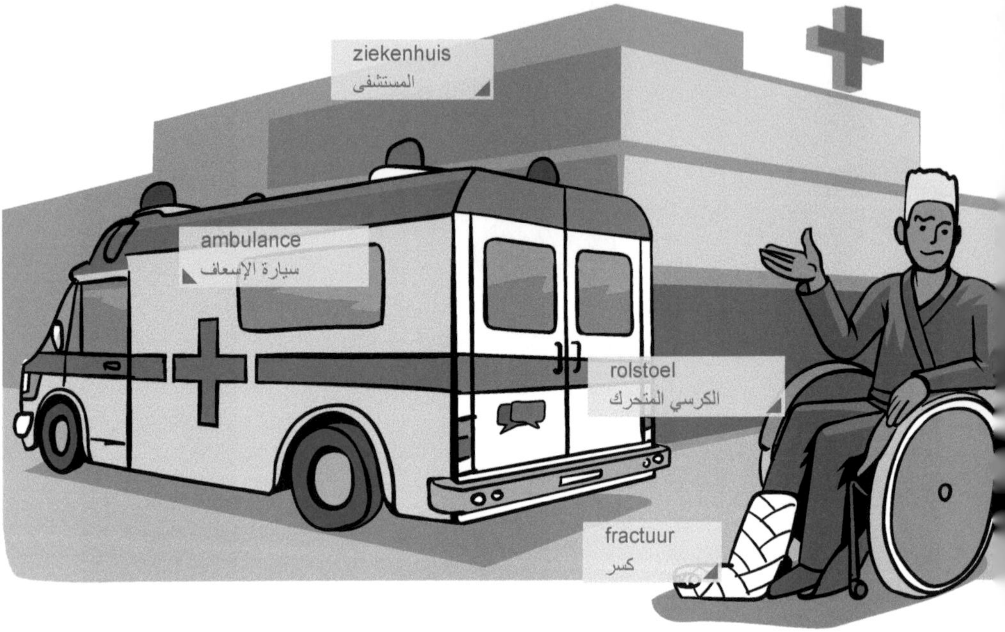

ziekenhuis
المستشفى
ambulance
سيارة الإسعاف
rolstoel
الكرسي المتحرك
fractuur
كسر

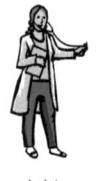

dokter

الطبيب

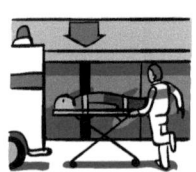

EHBO

غرفة الإسعاف

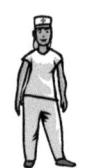

verpleegster

الممرضة

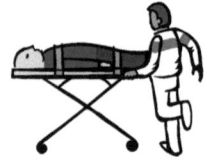

noodgeval

حالة

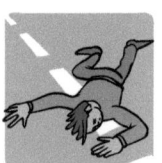

bewusteloos

مغمى عليه

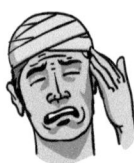

pijn

الألم

verwonding

إصابة

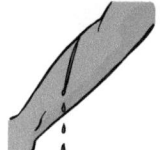

bloeding

النزيف

hartaanval

احتشاء القلب

beroerte

جلطة

allergie

حسسية

hoest

السعال

koorts

الحُمّى

griep

إنفلونزا

diarree

الإسهال

hoofdpijn

وجع الرأس

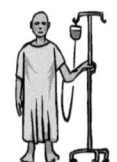

kanker

السرطان

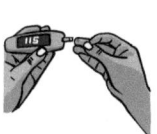

diabetes

مرض السكر

chirurg

جرّاح

scalpel

مبضع

operatie

عملية

CT

سيتي سكان

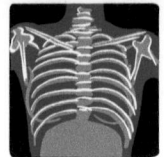

röntgen

الأشعة السينية

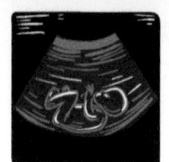

echografie

فوق الصوتي

gezichtsmasker

القناع

ziekte

المرض

wachtkamer

غرفة الانتظار

kruk

العُكّاز

pleister

شريط لاصق

verband

ضماد

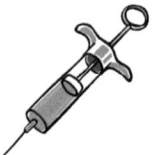

injectie

حقنة

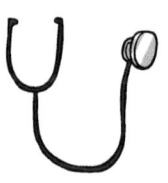

stethoscoop

سمّاعة الطبيب

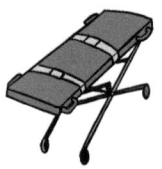

brancard

نقالة

thermometer

ميزان حرارة

geboorte

ولادة

overgewicht

وزن زائد

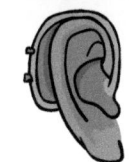

gehoorapparaat

جهاز السمع

ontsmettingsmiddel

المواد المعقمة

infectie

عدوى

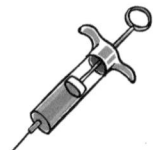

virus

فيروس

HIV / AIDS

الإيدز

medicijn

الطب

inenting

اللقاح

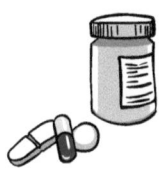

tabletten

أقراص الدواء

pil

حبّة الدواء

alarmnummer

نداء النجدة

bloeddrukmeter

مقياس ضغط الدم

ziek / gezond

مريض / صحيح

# noodgeval
## حالة

Help!

النجدة!

alarm

إنذار

overval

اعتداء

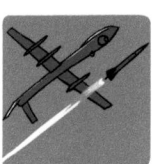

aanval

هجوم

gevaar

خطر

nooduitgang

مخرج طوارئ

Brand!

حريق!

brandblusser

جهاز الإطفاء

ongeluk

حادث

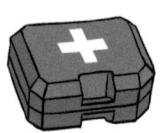

EHBO-koffer

حقيبة الإسعاف الأولي

SOS

أنقذونا

politie

الشرطة

Europa
أوروبا

Noord-Amerika
أمريكا الشمالية

Zuid-Amerika
أمريكا الجنوبية

Afrika
أفريقيا

Azië
آسيا

Australië
أستراليا

Atlantische Oceaan
المحيط الأطلسي

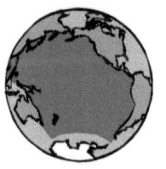

Stille Oceaan
المحيط الهادي

Indische Oceaan
المحيط الهندي

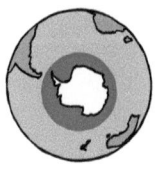

Zuidelijke Oceaan
المحيط المتجمد الجنوبي

Noordelijke IJszee
المحيط المتجمد الشمالي

Noordpool
القطب الشمالي

Zuidpool

القطب الجنوبي

Antarctica

منطقة القطب الجنوبي

aarde

أرض

land

بر

zee

بحر

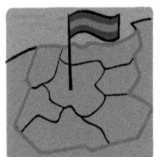

eiland

جزيرة

natie

أمة

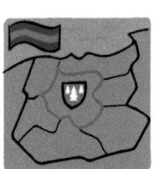

staat

دولة

# klok
# ساعة

wijzerplaat

ميناء الساعة

uurwijzer

عقرب الساعات

minutenwijzer

عقرب الدقائق

secondewijzer

عقرب الثواني

Hoe laat is het?

كم الساعة الآن؟

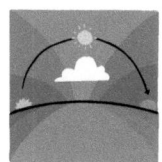

dag

يوم

tijd

زمن

nu

الآن

digitaal horloge

ساعة رقمية

minuut

دقيقة

uur

ساعة

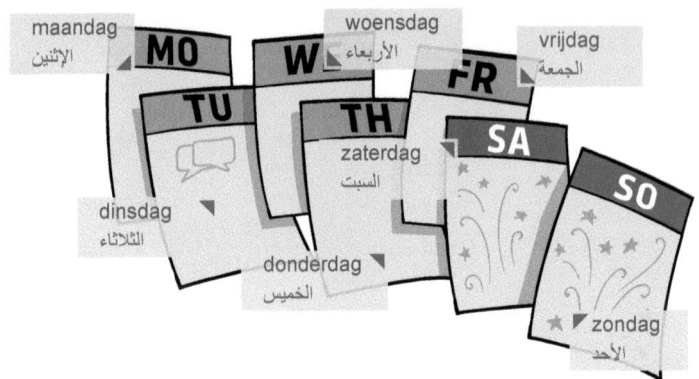

# week

## أسبوع

maandag
الإثنين
MO
woensdag
الأربعاء
W
vrijdag
الجمعة
FR
TU
TH
zaterdag
السبت
SA
dinsdag
الثلاثاء
donderdag
الخميس
zondag
الأحد

1

gisteren

الأمس

2

vandaag

اليوم

3

morgen

غداً

ochtend

الصباح

middag

الظهر

avond

المساء

MO TU WE TH FR SA SU
1 2 3 4 5 6 7
8 9 10 11 12 13 14
15 16 17 18 19 20 21
22 23 24 25 26 27 28
29 30 31 1 2 3 4

werkdagen

أيام العمل

MO TU WE TH FR SA SU
1 2 3 4 5 6 7
8 9 10 11 12 13 14
15 16 17 18 19 20 21
22 23 24 25 26 27 28
29 30 31 1 2 3 4

weekend

نهاية الأسبوع

regen
مطر
regenboog
قوس قزح
wind
ريح
sneeuw
ثلج
voorjaar
الربيع
herfst
الخريف
zomer
الصيف
winter
الشتاء

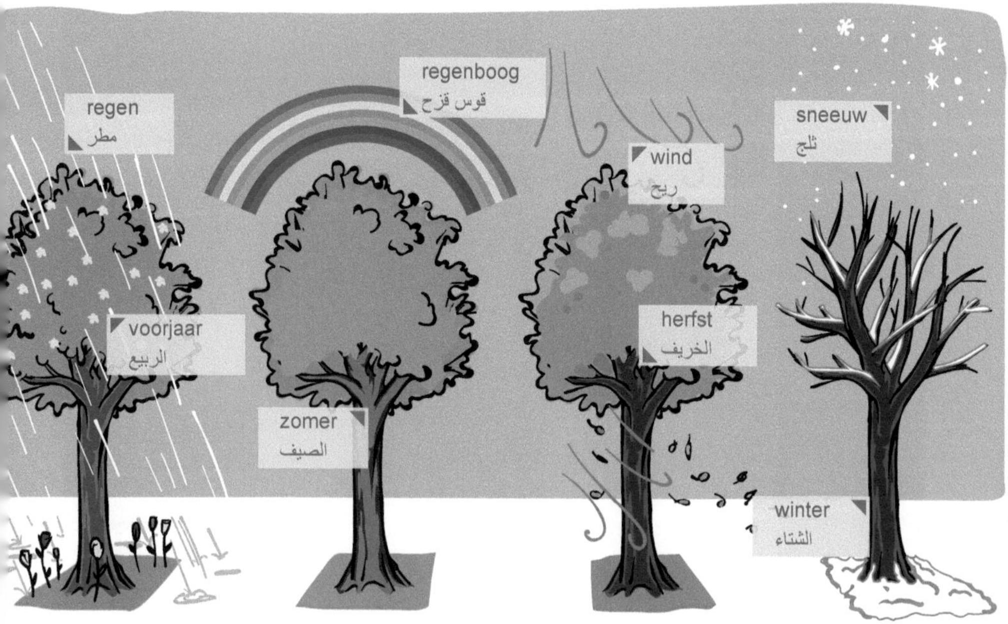

weerbericht
التنبّؤ بالحالة الجوية

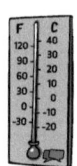

F

thermometer
مقياس حرارة

zonneschijn
ضوء الشمس

wolk
سحابة

mist
ضباب

luchtvochtigheid
رطوبة الجو

bliksem

برق

donder

رعد

storm

عاصفة

hagel

بَرَد

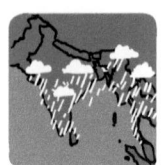

moesson

ريح موسمية

overstroming

طوفان

ijs

جليد

januari

كانون الثاني / يناير

februari

شباط / فبراير

maart

آذار / مارس

april

نيسان / أبريل

mei

أيار / مايو

juni

حزيران / يونيو

juli

تموز / يوليو

augustus

آب / أغسطس

september

أيلول / سبتمبر

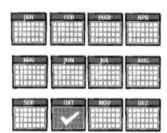

oktober

تشرين الأول / أكتوبر

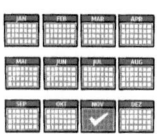

november

تشرين الثاني / نوفمبر

december

كانون الأول / ديسمبر

# vormen

## أشكال

cirkel

دائرة

vierkant

مربّع

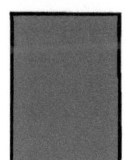

rechthoek

مستطيل

driehoek

مثلّث

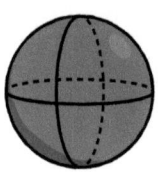

bol

كرة

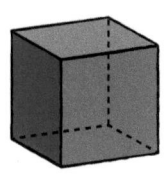

kubus

مكعب

# kleuren

## ألوان

wit

أبيض

geel

أصفر

oranje

برتقالي

roze

وردي

rood

أحمر

paars

بنفسجي

blauw

أزرق

groen

أخضر

bruin

بنّي

grijs

رمادي

zwart

أسود

# tegenstellingen

## الأضداد

veel / weinig

كثير / قليل

boos / rustig

غضبان / هادئ

mooi / lelijk

جميل / قبيح

begin / einde

بداية / نهاية

groot / klein

كبير / صغير

licht / donker

فاتح / قاتم

broer / zus

أخ / أخت

schoon / vies

نظيف / وسخ

volledig / onvolledig

كامل / ناقص

dag/ nacht

نهار / ليل

dood / levend

ميت / حيّ

breed / smal

عريض / ضيّق

eetbaar / oneetbaar

صالح للأكل / غير صالح

gemeen / aardig

شرّير / لطيف

opgewonden / verveeld

مثير / ممل

dik / dun

سمين / نحيف

eerste / laatste

أولا / أخيراً

vriend / vijand

صديق / عدو

vol / leeg

مليء / فارغ

hard / zacht

صلب / لين

zwaar / licht

ثقيل / خفيف

honger / dorst

جوع / عطش

ziek / gezond

مريض / صحيح

illegaal / legaal

غير شرعي / شرعي

intelligent / dom

ذكي / غبي

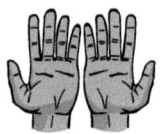

links / rechts

يسار / يمين

dichtbij / ver

قريب / بعيد

nieuw / gebruikt
..................
جديد / مستعمل

niets / iets
..................
لا شيء / بعض الشيء

oud / jong
..................
مسِن / شاب

aan / uit
..................
يشعل / يطفئ

open / gesloten
..................
مفتوح / مغلق

zacht / luid
..................
خافت / عالٍ

rijk / arm
..................
غني / فقير

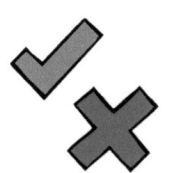

goed / fout
..................
صح / خطأ

ruw / glad
..................
أحرش / املس

verdrietig / gelukkig
..................
حزين / سعيد

kort / lang
..................
قصير / طويل

langzaam / snel
..................
بطيء / سريع

nat / droog
..................
مبلول / جاف

warm / koel
..................
ساخن / بارد

oorlog / vrede
..................
حرب / سلم

# getallen
## أرقام

0
nul
صفر

1
één
واحد

2
twee
اثنان

3
drie
ثلاثة

4
vier
أربعة

5
vijf
خمسة

6
zes
ستة

7
zeven
سبعة

8
acht
ثمانية

9
negen
تسعة

10
tien
عشرة

11
elf
أحد عشر

**12**

twaalf

اثنا عشر

**13**

dertien

ثلاثة عشر

**14**

veertien

أربعة عشر

**15**

vijftien

خمسة عشر

**16**

zestien

ستة عشر

**17**

zeventien

سبعة عشر

**18**

achttien

ثمانية عشر

**19**

negentien

تسعة عشر

**20**

twintig

عشرون

**100**

honderd

مائة

**1.000**

duizend

ألف

**1.000.000**

miljoen

مليون

# talen

## اللغات

Engels

الإنكليزية

Amerikaans Engels

الإنكليزية الأمريكية

Chinees Mandarijn

لغة ماندارين الصينية

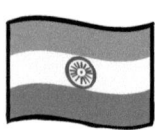

Hindi

الهندية

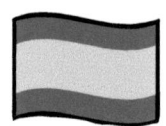

Spaans

الإسبانية

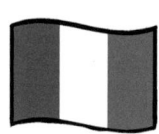

Frans

الفرنسية

Arabisch

العربية

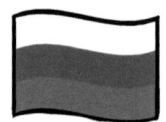

Russisch

الروسية

Portugees

البرتغالية

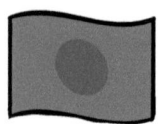

Bengalees

البنغالية

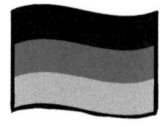

Duits

الألمانية

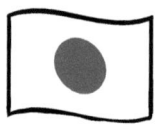

Japans

اليابانية

# wie / wat / hoe

## من / ماذا / كيف

ik

أنا

jij

أنت

hij / zij / het

هو / هي

wij

نحن

jullie

أنتم

zij

هم

wie?

من؟

wat?

ماذا؟

hoe?

كيف؟

waar?

أين؟

wanneer?

متى؟

naam

اسم

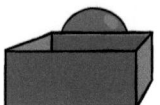

# waar

## أين

achter

خلف

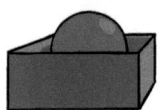

in

في

voor

أمام

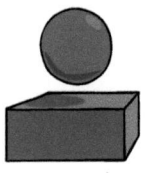

boven

فوق

op

على

onder

تحت

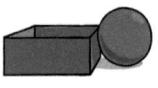

naast

جنب

tussen

بين

plaats

مكان